BEI GRIN MACHT SICH IHR WISSEN BEZAHLT

Wirkung von Filmmusik und Analyse der Leitmotive aus der Filmreihe "Fluch der Karibik"

GRIN ☺

Bibliografische Information der Deutschen Nationalbibliothek:

Die Deutsche Nationalbibliothek verzeichnet diese Publikation in der Deutschen Nationalbibliografie; detaillierte bibliografische Daten sind im Internet über http://dnb.d-nb.de abrufbar.

ISBN: 9783346270986
Dieses Buch ist auch als E-Book erhältlich.

Druck und Bindung: Books on Demand GmbH, Norderstedt Germany
Gedruckt auf säurefreiem Papier aus verantwortungsvollen Quellen

Das vorliegende Werk wurde sorgfältig erarbeitet. Dennoch übernehmen Autoren und Verlag für die Richtigkeit von Angaben, Hinweisen, Links und Ratschlägen sowie eventuelle Druckfehler keine Haftung.

Das Buch bei GRIN: https://www.grin.com/document/940909

Wirkung von Filmmusik-

Leitmotivtechnik

15. Februar 2019

Abstract

Heutzutage kann man sich die eigenen Lieblingsfilme ohne passende Musik gar nicht mehr vorstellen. Filmmusik ist von großer Bedeutung für die Filme unserer Zeit und zu einem wichtigen Hilfsmittel für die Vermittlung von Emotionen geworden. Meine Arbeit beschäftigt sich mit der Frage, wie Filmmusik genau entstanden ist und wo ihre Wurzeln liegen. Anschließend werden die wichtigsten Funktionen und Techniken erläutert, dabei ist der Schwerpunkt auf die Leitmotivtechnik gesetzt. Bekannte Motive aus den Filmen *King Kong und die weiße Frau* sowie *Fluch der Karibik* werden hinsichtlich ihres Aufbaus und ihrer Wirkung auf das Publikum untersucht.

Schlussfolgernd lässt sich sagen, dass Filmmusik eine sehr wichtige Rolle für die heutigen Filme spielt und je nach ihrer Art, verschiedene Stimmungen übermitteln kann. Sie kann viele Funktionen erfüllen, wie beispielsweise die Spannung steigern oder die gezeigten Gefühle musikalisch verdeutlichen. Außerdem hilft sie den Zuschauerinnen und Zuschauern bestimmte Szenen zu verstehen und kann auf vorherige Ereignisse verweisen. Mit Leitmotiven werden Personen oder Ereignisse musikalisch untermalt und ihr Einsatz bietet zahlreiche Möglichkeiten. Um meine Arbeit zu einem zufriedenstellenden Ergebnis zu führen, habe ich eine Litcraturrecherche betrieben und dabei die Thesen verschiedener Autoren verglichen

Inhaltsangabe

1 Einleitung

In der heutigen Zeit ist Filmmusik zu einem wichtigen Bestandteil zahlreicher Filme geworden und sie ist kaum mehr wegzudenken.

Das Hauptziel meiner Arbeit ist es zu zeigen, welche verschiedenen Wirkungen Komponisten mithilfe von Filmmusik erzielen können. Außerdem möchte ich die bedeutendsten Modelle und Techniken erklären. Die vorliegende Arbeit wird sich zunächst mit den Anfängen der Filmmusik und den Ereignissen, welche ihren Fortschritt begünstigt haben, beschäftigen. Die Fragen, welche Wirkung Filmmusik auf das Publikum haben kann und wo sie besonders wichtig ist, sollen im darauffolgenden Teil beantwortet werden. Anschließend sollen einige Funktionen von Filmmusik dargelegt werden. Darauf aufbauend wird in dieser Arbeit die Leitmotivtechnik genauer erklärt und geläufige Motive werden genannt. Zum Schluss werden bekannte Leitmotive aus den Filmen *King Kong und die weiße Frau* sowie *Fluch der Karibik* musikalisch analysiert und deren Aufbau untersucht.

In meiner Arbeit werde ich mich ausschließlich auf Fachbücher und keine Internetquellen beziehen. Das Buch *Grundlagen der Wirkung von Filmmusik* von Claudia Bullerjahn oder auch *Filmmusik für Filmemacher* von Reinhard Kungel werde ich beispielsweise für meine Erläuterungen heranziehen. Für die Analyse der Leitmotive aus *King Kong* wird das Buch *Das Handbuch der Filmmusik* von Josef Kloppenburg und für Motive aus den *Fluch der Karibik* Filmen wird die Studienarbeit *Filmmusik. Notwendiges Gestaltungsmittel* von Anna Maucher als Quelle verwendet. Da ich diese Arbeit auf reproduktive Weise verfassen werde, verwende ich mehrere Bücher, um die Ergebnisse der einzelnen Autoren zu präsentieren.

2 Einführung in die Filmmusik

Filmmusik ist eine Musik, die speziell für eine Filmstelle komponiert wurde und die Gefühle der Szene unterstützt. Der Film steht dabei im Vordergrund und die Musik wird als Hilfsmittel genutzt, denn ohne hinterlegte Musik wären manche Filmszenen nicht eindeutig oder sogar verwirrend. Musik, egal ob eine bestimmte Melodie oder nur ein paar Akkorde, hat immer eine bestimmte Wirkung auf das Publikum und kann Emotionen, die der Film vermitteln will, noch verstärken. Das bedeutet, Filmmusik ist immer funktional und wird für einen bestimmten Zweck komponiert. Viele Musikwissenschaftler sind der Meinung, dass Filmmusik nicht als gut oder schlecht bewertet werden kann. (vgl. Kungel, 2008, S. 1f.) Dieser Meinung ist auch Reinhard Kungel, denn er findet „[g]ute Filmmusik lässt sich an der Wirkung messen, nicht an Stil, Form oder dem Namen des Komponisten". (Kungel, 2008, S. 2)

2.1 Abriss der Geschichte

Die Entstehung der Filmmusik hängt mit der Entwicklung des Stummfilmes zusammen, denn man wollte schon früh Bild und Ton gleichzeitig abspielen. Musik wurde schon bei den ersten Filmvorstellungen live gespielt, weil man die lauten Geräusche der Projektoren übertönen musste. Sobald die Filmstudios erkannten, dass Musik nicht nur diesen Nutzen hat, sondern auch den Film verbessert, gab es in jedem großen Kino ein Klavier sowie ein Schlagzeug. Beide Instrumente wurden für die Aufführungen gespielt, wobei das Klavier die Filmmusik übernahm während das Schlagzeug für Geräusche zuständig war. Klassische Werke besonders aus der Romantik wurden oft als Filmmusik verwendet. Nachdem das Lichttonverfahren, bei dem man erstmals Ton und Bild zusammen auf eine Filmrolle bannen und kopieren konnte, erfunden wurde, begann 1927 die Zeit der Tonfilme. Das Publikum war von diesen neuen Filmen so begeistert, dass fast jede Minute des Films mit Musik versehen war. Da es nun viele Musiker gab, die nur Filmmusik spielten, entstanden eigene Filmorchester. Die Musik wurde immer genauer komponiert und passte nun zu den Emotionen und Bewegungen der

Protagonisten. Nach dem Zweiten Weltkrieg wurden auch Jazz und Tanzmusik immer öfter verwendet. (vgl. Kümpel, 2010, S. 9 f.)

2.2 Wirkung und Wahrnehmung

Viele Musikwissenschaftler und Filmtheoretiker befassen sich mit der Frage, ob man Filmmusik bewusst wahrnimmt oder eher ausblendet. Rudolf Arnheim, ein deutsch-US-amerikanischer Medienwissenschaftler und Siegfried Kracauer, welcher als Begründer der Filmsoziologie gilt, meinen, dass die beste Filmmusik vom Publikum nicht gehört wird. Das heißt sie verschmilzt so mit der Filmszene, dass die beiden untrennbar sind und für die Zuseherinnen und Zuseher wirkt die Musik dann passend und natürlich. Klaus-Ernst Behne war ein deutscher Musikprofessor mit dem Schwerpunkt auf Musikpsychologie. Er fand, dass diese Untrennbarkeit von Musik und Film sogar eine Voraussetzung für einen gelungenen Film sei und, laut ihm, wird die Filmszene dann als Einheit betrachtet. Im Rückblick kann sich das Publikum nur noch vereinzelt an die Hintergrundmusik erinnern, da ihnen meist das nötige Wissen in diesem Bereich fehlt und außerdem konzentrieren sie sich meist nur auf die Handlung sowie die Dialoge. Trotzdem wird unpassende Musik als störend und ablenkend empfunden. Oft will man mit Musik Aufmerksamkeit erregen, denn steigende Lautstärke oder ein plötzliches Abbrechen der Melodie machen die Zuschauerinnen und Zuschauer wieder wachsamer. Meistens werden diese Techniken in Spielfilmen, wo man die ständige Aufmerksamkeit von Kindern verlangt, oder im Fernsehen angewendet. Mit lauter Vorspannmusik oder bekannten Melodien in Trailern von Serien, werden Menschen dazu bewegt bei der Sendung zu bleiben und diese weiter anzusehen. Dabei darf die Musik nicht zu komplex strukturiert sein, weil man beim Durchschalten der verschiedenen Programme meistens nur halb zuhört. Norbert Schneider ist ein österreichischer Sänger und Musikproduzent, der schon zahlreiche Preise für seine Lieder bekam. Er behauptet sogar, dass Vorabendserien mehr Aufmerksamkeit erhaschen wollen als Kinofilme, weil die Konkurrenz zu anderen Programmen sehr groß sei und damit wird Musik zu einer Art Werbung gemacht. (vgl. Bullerjahn, 2001, S. 163 f.)

An der Pädagogischen Hochschule Karlsruhe führte man gemeinsam mit dem Psychologen Dr. Abele eine Studie zur Wirkung von Filmmusik durch. Aus dem bekannten Film *Psycho* von Alfred Hitchcock wurde eine Szene mit unterschiedlicher Hintergrundmusik versehen und den Studentinnen und Studenten der Hochschule vorgespielt. In der Szene fährt eine Frau namens Marion mit ihrem Auto auf der Autobahn und es wird abwechselnd die Protagonistin und die Straße vor ihr gezeigt. Die Szene wurde den Studenten einmal ohne Musik, einmal mit der Originalmusik und außerdem mit verschiedenen Liedern aus den Genres Dark Techno, Jazz sowie Pop vorgespielt. Die Betrachter sollten nach dem Anschauen ihre eigene Stimmung und die der Frau abschätzen und beurteilen. Die folgenden Abbildungen zeigen Tabellen mit den Mittelwerten der Einschätzungen und brachten überraschende Ergebnisse. Dieselbe Filmszene wurde teilweise ohne Musik komplett anders verstanden als mit den verschiedenen Musikrichtungen und es ist klar zu erkennen, dass die Anspannung der Zuschauerinnen und Zuschauer am größten bei der Originalmusik ist und dies von dem Komponisten beabsichtigt wurde. (vgl. Kloppenburg, 2012, S. 159 f.)

	Ohne Musik	Original	Dark Techno	Jazz	Pop
Neugier	3,0	3,1	2,8	3,0	3,0
Aggression	1,3	1,5	1,8	1,5	1,2
Spannung	3,0	3,7	3,2	3,3	2,6
Langeweile	2,0	1,3	1,8	1,7	1,8
Unruhe	2,5	3,2	3,0	2,9	2,0
Irritation	2,6	2,2	2,8	2,7	2,7
Freude	1,4	1,1	1,2	1,5	1,8
Belustigung	1,7	1,2	1,4	1,7	2,0

Abbildung 1: Stimmung der Studenten

	Ohne Musik	Original	Dark Techno	Jazz	Pop
ängstlich	3,8	3,7	3,7	3,6	3,5
entschlossen	2,0	2,4	2,1	2,2	2,2
verkrampft	3,5	3,5	3,7	3,6	3,4
hektisch	2,7	2,7	2,5	2,7	2,3
unsicher	3,7	3,3	3,4	3,4	3,4
nervös	3,8	3,7	3,7	3,6	3,5

Abbildung 2: Stimmung der Frau

3 Kompositorische Faktoren zur Gestaltung

Ein sehr wichtiges Gestaltungsmittel ist der Rhythmus, denn dieser legt eine Grundstimmung für den Film fest und verstärkt den Charakter einer Szene. Er repräsentiert unter anderem das Unterbewusstsein der Zuschauerinnen und Zuschauer und hat auch im Alltag große Bedeutung.

> „Welche Bedeutung Rhythmus in unserem Leben hat, merken wir schon daran, dass wir bereits unseren Kleinsten mittels rhythmischer Spielchen, [...] auf die Rhythmen des Lebens vorbereiten." (Kungel, 2008, S. 43)

Ein bekanntes Beispiel wäre *Hoppe, hoppe Reiter*. Weiters bewegen wir beim Laufen unsere Arme rhythmisch und beim Atmen unseren Brustkorb. In der Filmmusik muss man allerdings darauf achten, dass ein Rhythmus nicht zu kompliziert aufgebaut ist und auf keinen Fall während eines wichtigen Dialogs gespielt wird, weil dann von der Handlung abgelenkt wird. Wird ein schneller Rhythmus zusammen mit einem raschen Tempo über eine Verfolgungsjagd in einem Film gelegt, wird die Handlung sowie die Stimmung noch verstärkt. Das Tempo ändert sich meistens bei jeder Gefühlsänderung des Protagonisten.

Ein weiteres dramaturgisches Element der Filmmusik ist die Dynamik, denn mit ihr kann man bestimmte Wirkungen hervorrufen. Beispielsweise müssen bei einer traurigen Szene leise Töne gespielt werden, sonst kann es passieren, dass die gesamte Wirkung fehlt. (vgl. Kungel, 2008, S. 43f.) Ebenso wichtig ist die Harmonik, welche eine große Bedeutung für den emotionalen Gehalt einer Szene hat. Durch das Wechseln der Tongeschlechter kann schnell eine andere Stimmung erzeugt werden, denn eine Komposition in Moll deutet auf Trauer und Dunkelheit hin, während das Tongeschlecht Dur eine glückliche und sonnige Stimmung erweckt. Manche Filmgenres verlangen bestimmte Klänge, darüber schreibt auch Leila Hossein in ihrem Buch. „Es ist zu beobachten, dass vor allem in Horrorfilmen atonale Klänge verwendet werden, um das Angstgefühl der ZuseherInnen zu steigern." (Hossein, 2014, S. 66) Auch die Melodik ist ein sehr wertvolles Element, weil Melodien, die man nachsingen kann, den Menschen im Gedächtnis bleiben und immer mit einer Filmfigur beziehungsweise Filmszene verbunden werden. Eine Melodie hat einen Anfang und ein klares Ende, sie kann nicht abrupt enden. Sie besteht aus zahlreichen Themen, die sich aus mehreren Phrasen und diese wiederum aus mehreren Motiven zusammensetzen. Die Melodie ist daher nicht flexibel und wird oft nur selten verwendet. Weiters können übertrieben süße Melodien bestimmte Szenen, wie beispielsweise Liebesszenen, zu kitschig wirken lassen. (vgl. Kungel, 2008, S. 45) Leila Hossein folgend, ist es „ein sehr beliebtes kompositorisches Konzept […], die wichtigsten Filmfiguren mit einer prägenden Melodie zu untermalen und diese im Verlauf eines Films […] immer wieder ins Gedächtnis der ZuseherInnen zu rufen." (Hossein, 2014, S. 64)

3.1 Modelle und Techniken

Seit der Erfindung des Tonfilms werden zur Zuordnung von Bild und Musik verschiedene Techniken verwendet. Eine Technik ist der Synchronismus, dieser wird angewendet, wenn Bild und Ton rhythmisch zusammenpassen, so wie das auch in der Realität der Fall ist. Das Gegenteil davon ist der Asynchronismus, bei dieser Methode werden Bilder mit Tönen gezeigt, die in der Natur nicht gleichzeitig vorkommen. Zwei weitere, gegensätzliche Techniken sind Parallelismus und Kontrapunkt. Während es sich bei Parallelismus um die gleiche Aussage von Bild und Ton handelt, geben bei Kontrapunkt Bild und Ton unterschiedliche Aussagen wieder, aber trotzdem macht die ganze Szene einen Sinn. Die Vertikalmontage ist ebenfalls eine beliebte Technik, die schon von Sergej Eisenstein, einem berühmten Regisseur aus Lettland, verwendet wurde. Bei dieser Montage wird versucht eine Synchronisation von Bild und Ton zu finden und die beiden Ebenen sollten die gleichen Emotionen vermitteln.

1976 entwarf der schweizerische Musikwissenschaftler Hansjörg Pauli ein auf drei Kategorien basierendes Modell, welches heute noch bekannt ist. (vgl. Kungel, 2008, S. 108) Die drei Ebenen sind Paraphrasierung, Polarisierung und Kontrapunktierung und später unterschied er noch zwischen persuasiver, syntaktischer sowie hermeneutischer Funktion. „Die Paraphrasierung ist die häufigste Wirkungsfunktion von Filmmusik: Zur Verfolgungsjagd ertönt hektischer Bebop, zur Beerdigung Mozarts Requiem und zur Liebesszene süßes Geigenspiel" (Kungel, 2008, S. 109). Das heißt die Musik passt direkt zum Geschehen im Film und die Gefühle der Figuren werden imitiert. Beispielsweise wird während eine

Figur weint eine Melodie in Moll gespielt oder während eine Figur Angst hat wird die Musik leiser. Diese banale Begleitung kann die Zuschauerinnen und Zuschauer langweilen, wenn sie zu oft eingesetzt wird und ebenfalls können manche Szenen zu klischeehaft wirken. Daher wird die Paraphrasierung nur sparsam und meist in Cartoons beziehungsweise Animationsfilmen verwendet. Jedoch kann gegen die Langeweile instrumental experimentiert sowie immer wieder Veränderungen vorgenommen werden. Zur Zeit der Stummfilme war die Paraphrasierung jedoch von großer Bedeutung, da die Zuseherinnen und Zuseher so die Handlung besser verstehen konnten. Heute wird die Technik oft bei dokumentarischen Filmen gebraucht, um eine kleine Pause zu schaffen, in der man sich erholen kann und sich nicht konzentrieren muss. Mit Polarisierung kann man neutrale Bilder, wie etwa von einem Weg durch einen Wald, Emotionen zuschreiben und die Stimmung verändern. Das Bild könnte mit einer Melodie düster und mit einer anderen entspannt und fröhlich wirken. Dabei können dieselben Melodien wie bei der Paraphrasierung verwendet werden. Diese Technik wird oft am Anfang eines Filmes genutzt, um dem Publikum eine bestimmte Grundstimmung zu übermitteln und sie in eine Richtung zu lenken.

Leila Hossein nennt in ihrem Buch einige Beispiele für die Einsetzung von Polarisierung. Wenn ein Film mit düsterer, unheimlicher Musik anfängt, wird es sich wahrscheinlich nicht um eine Komödie handeln. Und wenn in der ersten Szene eines Filmes eine Frau in einem Auto zu sehen ist, die Hardrock Musik hört, beziehen die Zuschauerinnen und Zuschauer diese Musikwahl auf ihre Persönlichkeit. Hört die Frau aber klassische Musik bekommen sie den Eindruck, dass ihre Welt in Ordnung sei und es sich vielleicht um einen Liebesfilm handelt. Die Polarisierung ist ein beliebtes Verfahren bei Filmen mit niedrigem Budget, da neutrale Bilder verwendet werden können, diese aber trotzdem etwas aussagen. Beim Kontrapunktieren wird Musik genommen, die nicht zu dem Bild passt und damit wird gegen die Handlung gespielt. Diese Technik schafft Widersprüche, damit das Publikum zuerst verwirrt ist, aber dann zum Nachdenken angeregt wird und die Wahl dieses Musikstücks zu interpretieren beginnt. Kontrapunktieren ist eine sehr vorteilhafte Methode, da sie eine neue Ebene im Film schafft und die ausgewählte Szene daher im Gedächtnis des Publikums bleibt. Es gibt zahlreiche Einsatzmöglichkeiten und in Dokumentarfilmen kann das Kontrapunktieren auch manipulativ wirken. (vgl. Hossein, 2014, S. 40 f.) Später unterscheidet Hansjörg Pauli die Funktionen der Filmmusik noch genauer. Die persuasive Funktion wird erfüllt, wenn das Publikum, meist schon bei Titelliedern von Filmen eine Ahnung von der Stimmung des Filmes bekommt. Das heißt sie werden, wie bei der Paraphrasierung, in eine bestimmte Richtung gelenkt. Eine syntaktische Funktion tritt auf, wenn die Handlung des Filmes durch die Musik erklärt wird und Zeitsprünge oder Ortswechsel ankündigt werden. Zuletzt definiert er die hermeneutische Funktion als Hilfe, dass die Zuseherinnen und Zuseher die Handlung besser verstehen und es nicht zu Unklarheiten kommt. (vgl. Hossein, 2014, S. 59f.)

3.2 Funktionen der Filmmusik

Zur Funktionalität stellten zahlreiche Musikwissenschaftler Thesen sowie Modelle auf und in dieser Arbeit werden die bekanntesten genauer erläutert. Eine der ersten Musikwissenschaftler, die die Aufgaben von Filmmusik gliedern wollten, war Zofia Lissa. 1965 schrieb sie in ihrem Buch *Ästhetik der Filmmusik* ein Modell mit dreizehn Aufgaben, das heute noch von großer Bedeutung ist. Die Funktionen sind nicht nur dramaturgisch, sondern auch strukturell gegliedert und daher wurde dieses Modell oft kritisiert. Weiters bildet es keine diskreten Kategorien und lässt manche Aspekte einfach weg. (vgl. Bullerjahn, 2001, S. 60 f.) Reinhard Kungel vereinfachte die dreizehn Funktionen folgendermaßen:

> „musikalische Illustration
> Musik als Unterstreichung von Bewegungen
> musikalische Stilisierung realer Geräusche
> Musik repräsentiert Raum, Musik repräsentiert Zeit
> Deformation des Klangmaterials
> musikalischer Kommentar
> Musik in ihrer natürlichen Rolle
> Musik als Ausdruck psychischer Erlebnisse
> Musik als Grundlage der Einfühlung
> Musik als Symbol
> Musik als Mittel zur Antizipierung [sic] des Handlungsinhalts
> Musik als formal einender Faktor." (Kungel, 2008, S.110)

1973 gliederte Hans Heinrich Eggebrecht die Aufgaben in drei Funktionsebenen ein. Die erste Ebene beschreibt „das Funktionieren aufeinanderbezogener [sic] musikalischer Strukturen" (Bullerjahn, 2001, S. 53) und der zweite Bereich hat die Aufgabe, eine bestimmte Wirkung zu erzielen. Die dritte Ebene handelt von gesellschaftlichen Funktionen, dazu gehören dann zum Beispiel Tanzmusik oder Wartezimmermusik in einer Arztpraxis. Tanzmusik will die Menschen zum Mitmachen anregen während die Musik in einem Wartezimmer nur im Hintergrund spielt, beide Arten wirken trotzdem funktionell. In der Filmmusik wird hauptsächlich funktionale Musik verwendet und laut Eggebrecht, kann diese auch ohne dem Film gezeigt werden. Er nennt als Beispiel die Werke von Hanns Eisler, die später auch in Konzertsälen aufgeführt wurden. Eggebrecht nennt als Gegensatz zur funktionalen die autonome Filmmusik, die man in die erste Funktionsebene einordnen kann.

Fünf Jahre später versucht Jan Mukarovsky eine Gliederung zur Funktionalität aufzustellen und unterscheidet dabei zwei Gruppen von Aufgaben mit jeweils zwei Untergruppen. Die zwei Hauptgruppen sind einerseits die *unmittelbaren Funktionen*, die dem Publikum die Wirklichkeit übermitteln und andererseits die *zeichenhaften Funktionen*, welche eine andere Wirklichkeit vermitteln wollen. Die unmittelbaren Funktionen unterteilt er in die *praktischen Funktionen* und die *theoretischen Funktionen*. Die praktischen Funktionen sind für die Umgestaltung der Wirklichkeit zuständig und mithilfe der theoretischen erzeugt man ein Bild in den Köpfen der Zuhörerinnen und Zuhörer. Die zweite Hauptgruppe ist in *symbolische* und in *ästhetische Funktionen* eingeteilt. (vgl. Bullerjahn, 2001, S. 54 f.)

1990 stellt Norbert Jürgen Schneider eine Liste aller musikdramaturgischen Funktionen von Filmmusik auf und definiert dabei achtzehn Aufgaben. Eine wichtige Aufgabe ist es, eine Atmosphäre herzustellen, egal ob es sich dabei um die Gespräche im Hintergrund in einem Café oder um das Lachen von Kindern am Spielplatz handelt. Diese Hintergrundmusik hilft dem Publikum besser in die Szene einzutauchen und macht den Film realistischer. Filmmusik kann auch „Ausrufezeichen" setzen und dabei durch plötzliches Einsetzen von kurzen Musikstücken die Szene intensiver wirken lassen. Weiters werden mit dieser Technik bestimmte Objekte im Film musikalisch untermalt, wie zum Beispiel in dem Film *Ich werde dich töten, Wolf* von Wolfgang Petersen. Der Vollmond wurde darin von einer Musik begleitet, die Angst und Unwohlsein vermittelt. Außerdem kann Musik Emotionen abbilden und damit die Stimmung sowie die inneren Gefühle des Protagonisten deutlich machen. Durch das Einsetzen einer bestimmten Musik bei denselben Stimmungen kann das Gehirn diese Musik speichern und Verbindungen herstellen. Damit können Regisseure auf Ereignisse aus der Vergangenheit hinweisen und die Zuschauerinnen und Zuschauer erinnern sich, obwohl sie die Musik erst nur unbewusst wahrgenommen haben. Historische Zeiten können mit älteren Instrumenten oder mit zu dieser Zeit entstandenen Kompositionen dargestellt werden. Dies ist vor allem für Produktionen wichtig, die zu wenig Budget für historische Kostüme und altertümliche Bühnenausstattung haben. Die meisten Alltagshandlungen sind mit Geräuschen verbunden und wenn diese auch in bestimmten Filmszenen verwendet werden, wirkt die Handlung realistischer. Wenn Regisseure absichtlich auf diese Geräusche verzichten, kann die Szene irreal wirken und die Wirkung verändern. Norbert Schneider nennt auch drei Formen zur musikalischen Gestaltung, nämlich die Crescendoform, die Bogenform sowie die Reihenform. Die Crescendoform wird auch Steigerungsform genannt und wird dann verwendet, wenn ein Musikstück immer lauter und deutlicher wird, wobei auch die Länge des Stückes zunimmt. Wenn bei Vor- und Abspann eines Films die gleiche Musik gespielt wird, wird die Bogenform angewendet, denn dadurch wird ein Bogen über den gesamten Film gespannt und die Zuseherinnen und Zuseher betrachten ihn als abgeschlossen. Eine wichtige Szene mitten im Film kann auch mit dieser Musik untermalt werden. Die Reihenform verlangt ein dominierendes Musikstück, das während des ganzen Films wiederholt wird und wegen dieser Strenge wird sie heutzutage nur sehr selten verwendet. (vgl. Hossein, 2014, S. 49 f.)

Helmut Rösing veröffentlichte einen Systematisierungsversuch zur Funktionalität von Musik und teilte dabei die Aufgaben in zwei Funktionsbereiche. Zu dem ersten Bereich gehören alle gesellschaftlich-kommunikativen Aufgaben, wie beispielsweise die magischen Funktionen, die erzieherischen Funktionen und die Repräsentations-, Festlichkeits- oder Verständigungsfunktionen. Ebenfalls zählen alle Tänze und Märsche sowie gemeinschaftsverbindende Funktionen und die Selbstverwirklichung durch eigenes Musizieren zu diesem Bereich. Der zweite

Bereich inkludiert alle individuell-psychischen Funktionen wie Einsamkeitsüberwindung oder emotionale Kompensation. Weitere Aufgaben sind Konfliktbewältigung, Entspannung, Stimmungsoptimierung sowie die damit verbundene Lust- und Spaßgewinn. Rösing zeigt mit seinem Systematisierungsversuch wie vielfältig die Funktionen von Musik sind, und dass diese auch über die Verwendung als Filmmusik hinausgehen. (vgl. Kungel, 2008, S. 103 f.)

1994 versuchte der Musikpädagoge Georg Maas ebenfalls eine Systematisierung aufzustellen und schaffte das *Strukturalistische Modell*, welches in vier Hauptfunktionen eingeteilt ist. Musik erfüllt tektonische Funktionen, wenn sie, meistens als Titel- oder Nachspannmusik, für die äußere Gestaltung eines Films verwendet wird. Syntaktische Funktionen werden erfüllt, wenn die Musik ein Bestandteil der Erzählstruktur wird zum Beispiel durch Akzente, musikalische Klammern oder Aufteilung von Handlungsebenen. Die nächste Gruppe nennt Maas die semantischen Funktionen, bei denen Musik den Inhalt darstellt, und diese teilt er in drei weitere Formen ein, nämlich die konnotativen, die denotativen und die reflexiven Funktionen. Während Musik bei den konnotativen Aufgaben Stimmungen ausdrückt und untermalt, werden bei den denotativen Funktionen Gedanken musikalisch dargestellt. Reflexive Aufgaben werden von Musik ausgeübt, wenn sie selbst wichtig für die Handlung ist, wie beispielsweise in einem Film über einen Komponisten. Die vierte Hauptgruppe übernehmen die mediatisierenden Funktionen, bei diesen vermittelt die Musik die Erfahrungen der Zuschauerinnen und Zuschauer mit dem Film und die Erwartungen des Publikums werden befriedigt. (vgl. Bullerjahn, 2001, S. 63 f.)

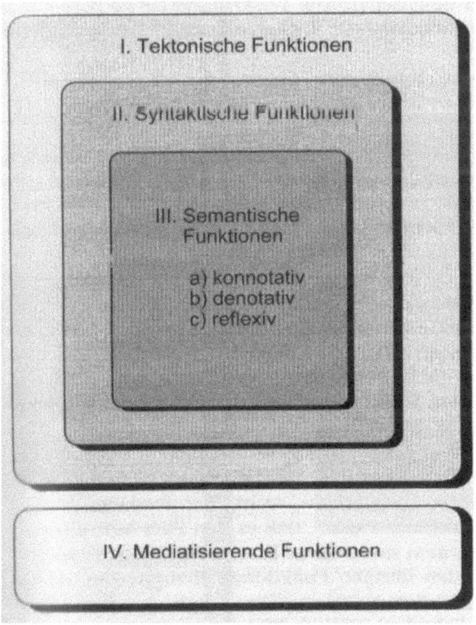

Abbildung 3: Strukturalistisches Modell von Maas

4 Filmmusiktechniken

Im Laufe der Jahre entstanden verschiedene Techniken, die für die Komposition zahlreicher Musikstücke verwendet wurden. Diese sind meistens nicht zu trennen und oft entstehen Mischformen. Die vier geläufigsten Strategien sind die deskriptive Technik, die Mood-Technik, die Baukasten-Technik und die Leitmotivtechnik. Diese werden auf den nächsten Seiten näher erläutert.

4.1 Deskriptive Technik

Die deskriptive Technik wird auch musikalische Illustration genannt und laut Claudia Bullerjahn folgendermaßen eingesetzt: „Musikalische Deskription, [...] wird zur Ergänzung des Bildes durch Imitation oder Stilisierung von Geräuschen und Unterstreichung von Bewegungen schon seit der Stummfilmzeit verwendet." (Bullerjahn, 2001, S. 77) Dabei werden meist mit einem Schlagzeug Naturgeräusche wie zum Beispiel Wind, Donner oder Regen erzeugt und diese gehören zu den Standardeffekten. In den zwanziger Jahren wurde diese Technik erstmals in Stummfilmen angewendet. Ein bekanntes Beispiel wäre der Film *Panzerkreuzer Potemkin* von Sergei Eisenstein, denn in diesem wurden mithilfe der deskriptiven Technik die Schiffsgeräusche und das Marschieren der Soldaten von Edmund Meisel musikalisch begleitet. Mit der Etablierung der Tonfilme entstand das Mickey-mousing, welches erstmals im Walt Disney Film *Dampfschiff Willie* eingesetzt wurde. Dabei handelt es sich um „eine auf Sekundenbruchteile exakt kalkulierte Synchronität zwischen Musik und Bild und deren lautmalerische Nachzeichnung [...]." (Bullerjahn, 2001, S. 78). Das heißt jede Bewegung einer Figur im Film wird gleichzeitig musikalisch reflektiert und hauptsächlich wird dieses Verfahren in Zeichentrickfilmen oder Cartoons verwendet.

4.2 Mood-Technik

„Bei dieser Technik werden Szenen mit musikalischen Klangfarben, die der Stimmung der Szene bzw. des ganzen Films entsprechen, unterlegt" (Kümpel, 2010, S. 152). Das heißt man will damit Gefühle, die nicht sichtbar sind, durch Musik übermitteln wie zum Beispiel ein Streichersolo, das Angst und Ungewissheit vermitteln soll. Grundlegend für die Komposition solcher Stücke ist die vertikale Bild-Musik-Beziehung und als Begründer gilt laut vielen Musikwissenschaftlern, unter anderem Hansjörg Pauli und der US-amerikanische Komponist Alfred Newman. Es gibt zwei Arten der Mood-Technik, bei der einen geht es um die Vermittlung einer Stimmung beziehungsweise eines Gefühls und bei der anderen Art strebt man ein Mitgefühl mit den Charakteren an. (vgl. Bullerjahn, 2001, S. 87) Die erste Art wird die expressive Filmmusik genannt und sie wird von Newman verwendet. Die zweite Art, nämlich sensorische Filmmusik, wird von Bernhard Herrmann angewendet und hat das Ziel, eine physiologische Wirkung bei dem Publikum zu erzielen. Sie sollen sich in den Schmerz, den der Protagonist erleben muss, hineinversetzen und daher in den Film miteingebunden werden.

4.3 Baukasten-Technik

Wie der Name schon verrät werden bei dieser Technik kleine Baukasten aus mehreren Bausteinen, die aus Einzeltakt-Zellen und Motiv-Zellen bestehen, gebildet. Diese Zellen werden ständig wiederholt und dadurch zu Vier- und Achttaktmustern zusammengesetzt. „Der Bezug zum Bild ist weder illustrativ noch affirmativ: Geschehnisse im Bild werden weder bewegungssynchron musikalisiert, noch wird akribisch die Stimmung verdoppelt" (Bullerjahn, 2001, S. 93). Mit der Musik wird auf die Idee des Filmes eingegangen, sie kann aber auch als eigene Konzertmusik vorgeführt werden, da oft die Komposition vor dem Drehen des Filmes erfolgt. Meist wird diese Methode bei Neuvertonungen von Stummfilmen oder Kurzfilmen verwendet. Der erste Film, bei dem man diese Technik ausprobiert hat, ist *Entr'acte*, auf Deutsch *Zwischenspiel* genannt von Erik Satie. Er zeigt oft nur nacheinander folgende Bilder ohne Handlung und dazu eine Melodie, dessen Bausteine mehrfach wiederholt und manchmal leicht verändert werden. Laut Fabich & Schneider versuchte Satie auch Bilder von seiner Kunst in Musik zu fassen. Nachdem der Kurzfilm 1924 erschien, folgte lange Zeit kein Werk, in dem diese Technik genutzt wurde. Erst 1982 schrieb Philip Glass die Musik zu dem Film *Koyaanisqatsi – Prophezeiung* und dieser gilt bis heute als Paradebeispiel für die Verwendung der Baukasten-Technik. Darin erfolgen die Kameraschnitte immer beim ersten Takt und es gibt sechs Grundbausteine, die nach der Zeit verknüpft werden. (Bullerjahn, 2001, S. 93 f.)

4.4 Underscoring

Eine weitere Technik ist das Underscoring, bei dem die Musik alle Ereignisse,
Handlungen sowie Emotionen synchron untermalt. Max Steiner verwendete diese
Methode oft in seinen früheren Hollywood-Filmen und auch andere Komponisten
fanden Gefallen daran. Diese musikalische Unterstützung bezieht sich nicht nur auf
einfache Bewegungen wie Gehen, Fahren oder Reiten, sondern auch auf
angedeutete Gefühle und Stimmungen. Die Musik kann in diesem Fall auch
Emotionen beim Publikum hervorrufen oder eine Spannung aufbauen. Bei dieser
Technik wird mit komplexen Scores, das sind speziell für einen Film komponierte
Musikstücke, gearbeitet. Viele Scores ähneln den Kompositionen von Max Steiner,
obwohl dieser es mit dem Underscoring oft übertrieben hat. Beispielsweise schrieb
er 1933 die Filmmusik für *King Kong* so, dass bei jeder kleinsten Bewegung des
Affen ein Geräusch ertönt und dies macht den Film viel intensiver. (vgl.
Kloppenburg, 2012, S. 126 f.) Auch in Dokumentarfilmen wird die Technik genutzt,
denn Zeit, Ort und Kultur werden durch die Musik unterstützt. (vgl. Kümpel, 2010,
S. 163)

5 Leitmotivtechnik

5.1 Geschichte und Verwendung

Die Leitmotivtechnik entwickelte sich in den Opern des 19. Jahrhunderts und
wurde erstmals 1871 von Friedrich Wilhelm Jähns zur musikalischen
Beschreibung seiner Hauptcharaktere verwendet. In den Opern von Richard
Wagner wurde fünf Jahre später von Themen und Motiven gesprochen, daher
gelten diese Opern als Ursprung der Technik. Leitmotive gaben ihnen eine weitere
Ebene, die unterstützend, ergänzend oder kontrapunktierend arbeiten konnte. Die
komplexe Geschichte wurde mit einigen Leitmotiven versehen und dabei entstand
eine weitere kommentierende Ebene. Zu Anfang des 20. Jahrhunderts fand die
Technik auch Einzug in die Filmmusik, da sie eine dynamischere Funktion im
Gegensatz zur Mood-Technik erfüllt. Bei letzterer werden Stimmungen einfach nur
untermalt. Perfektioniert wurde die Technik durch die exakte Synchronität von

Musik und Film. Ähnlich wie Wagners Kompositionen ist auch die Filmmusik von John Williams für die Trilogie *Star Wars* mit einem großen Netz aus Motiven überzogen. (vgl. Gervink und Bückle, 2012, S. 301) Mit der Leitmotivtechnik werden also Personen oder Geschehnisse im Film mit musikalischen Formen und Figuren untermalt. Diese Motive werden im Laufe des Films mehrmals wiederholt, sodass die Verbindung mit dem Protagonisten für die Zuschauerinnen und Zuschauer selbstverständlich wird. Sie unterstützen den Film und sorgen für abwechslungsreiche Musik. Außerdem werden sie von Komponisten eingesetzt, um auf vergangene Szenen hinzuweisen oder einen Auftritt des Protagonisten anzukündigen. (vgl. Kloppenburg, 2012, S. 130) Mit Leitmotiven können auch Gefühlsänderungen angedeutet oder Personen charakterisiert werden, die gerade nicht sichtbar sind. Beispielsweise kann ein Motiv, welches in Dur geschrieben wurde, in Moll gespielt werden, wenn die Hauptperson traurig ist. Das heißt kleine musikalische Änderungen sind durchaus möglich. (vgl. Kümpel, 2010, S. 158) Norbert Jürgen Schneider zufolge gäbe es drei Verwendungsmöglichkeiten von Leitmotiven. Die erste wäre das *Motivzitat*, welches mehrmals unverändert im Film erscheint, die zweite wäre die *Idée fixe*, bei der sich das Motiv mit dem Protagonisten weiterentwickelt und die dritte Möglichkeit stellt die *voll entwickelte Leitmotivtechnik* dar, wo ein musikalisches Geflecht gebildet wird, welches den kompletten Satz bestimmt. Letztere Technik wird meist in klassischen Kompositionen verwendet wie zum Beispiel im *Ring des Nibelungen* von Wagner. (vgl. Bullerjahn, 2001, S. 89)

Obwohl die Leitmotivtechnik heute nur sparsam verwendet wird, gibt es viele berühmte Motive aus verschiedensten Filmen der letzten fünfzig Jahre. Der in Wien geborene Max Steiner schrieb zahlreiche Leitmotive für die Filme *Ein unmoralisches Angebot, Titanic, Babel, King Kong, Casablanca* und *Herr der Ringe*. Berühmte Melodien aus den *Fluch der Karibik* Filmen stammen von Klaus Badelt und Hans Zimmer. (vgl. Kloppenburg, 2012, S. 202) Diese Motive zusammen mit den wichtigsten aus dem Film King Kong werden nun näher erläutert.

5.2 King Kong und die weiße Frau

Max Steiner perfektioniert 1933 zwei Kompositionstechniken für den Film *King Kong*, nämlich das Underscoring und die Motivtechnik. (vgl. Kloppenburg, 2012, S. 202 f.) Er hat für jede Hauptfigur ein eigenes Motiv komponiert und die beiden von King Kong und Ann Darrow werden nun vorgestellt. Der Film beginnt mit dem Kong Motiv, welches nur aus drei in einer kleinen Sekund abwärts gespielten Tönen besteht. Es wird einstimmig und im Fortissimo von Blechbläsern, genauer gesagt Hörnern und Posaunen, vertont. Dadurch entsteht eine bedrohliche und unheimliche Wirkung, die zum Riesenaffen passt. Außerdem ertönt ein Beckenschlag auf den ersten Ton, der die Wirkung verstärkt.

Abbildung 4: Kong Motiv

Mit diesen drei Tönen drückte Steiner das Grauen des Affen und die damit verbundene Angst der Menschen im Film aus. Das Kong Motiv erscheint grundsätzlich bei jedem Erscheinen des Riesenaffen. Beispielsweise am Anfang des Filmes oder bei der Jagd nach King Kong, wo das Motiv in Sequenzierungen punktiert wird, das heißt die einzelnen Sequenzen werden um die Hälfte länger gespielt. Dadurch wird die Hektik der Jagd durch den Dschungel und das bevorstehende Unheil besser dargestellt. Die langanhaltenden Töne werden mit scharfen Bläsereinwürfen, sogenannten Clustern, versehen und das gesamte Motiv wird während der Jagd eine kleine Sekunde höher gespielt. Diese Änderungen steigern die Spannung.

In einer anderen Szene kämpft King Kong mit einer Schlange und das Motiv wird von Streichern begleitet, das heißt Steiner verbindet auch Underscoring und die Leitmotivtechnik. Am Ende ertönt ein langes Cluster, der den Sieg von King Kong verdeutlicht. Während sich King Kong in einer anderen Szene von Fesseln befreit, wird das Motiv viermal und immer eine Sequenz höher gespielt. Als er die Ketten sprengt erklingen schnelle Streicherfloskeln und damit entsteht ein gelungenes Underscoring. Später im Film klettert der Riesenaffe auf das Empire State Building und währenddessen wird das Motiv von Streichern begleitet und die Themen Glanz, Ruhm und Macht werden in den Vordergrund gerückt. Normalerweise endet das Motiv mit einem düsteren Bläsereinwurf, aber während der letzten Szene ertönt das Motiv einmal in einem Durakkord. Dies mag auf ein positives Ende hinweisen. Max Steiner widmet das zweite Leitmotiv Ann Darrow, das sogenannte Angstmotiv. Ann Darrow ist ein Mitglied des Filmteams, das auf der unerforschten Insel Skull Island einen Film drehen will. Sie wird jedoch von den Inselbewohnern entführt und soll King Kong geopfert werden. Dieser entführt sie und beschützt sie vor verschiedenen Dinosauriern und sonstigen Gefahren der Insel. Ihr Motiv ist wie das Kong Motiv chromatisch geprägt, also besteht es aus Halbtönen und wird einstimmig schnell abwärts gespielt. Die Angst und Panik von Ann werden melodisch durch absteigende kleine Sekunden, das Tempo sowie die hohen Streicher dargestellt. Die Streichinstrumente gleichen auch ihrem Charakter, denn sie ist eine zarte, junge Frau und tiefe Töne würden unpassend wirken. Die zitternden Streichertremoli und das hektische Tempo verdeutlichen noch einmal den Kontrast zu Kong. Das Angstthema erklingt zum ersten Mal, als sich das Tor bei der Opferung von Ann schließt. Bei dieser Szene wird es langsamer gespielt und die darauffolgende Entführung von Kong wird musikalisch angedeutet. Bei der Entführung wird das Motiv durch schrille, hohe Blechbläser verstärkt und der Ausdruck ihrer Panik wird mithilfe der Musik zum Höhepunkt gebracht. Das Motiv wird während des ganzen Films mehrmals gespielt und Steiner nimmt immer kleine Änderungen vor. Als Kong Ann in seine Höhle legt, erklingt das Angstthema zusammen mit leise spielenden Geigen, dadurch wirkt die Szene einsam und traurig. Hier wird nicht mehr Panik und Hektik dargestellt, sondern die Traurigkeit von Ann, die in der Höhle weint. Ein langer Akkord, der einen Halbton tiefer gespielt wird, löst das Motiv nach zwei Takten ab und verdeutlicht noch einmal Anns Machtlosigkeit. Als King Kong sie später auf eine Klippe trägt, erklingt das Motiv in dieser Form zum zweiten Mal. (vgl. Kloppenburg, 2012, S. 130-133)

2005 wird der Film *King Kong* noch einmal verfilmt und diesmal stammt die Musik von James Newton Howard, einem Komponisten und Musikproduzent aus

Kalifornien. Charakteristisch für Howard sind Bläsereinsätze und Ostinati, also sich ständig wiederholende Melodien, von Streichinstrumenten und Schlagwerk. Er verwendet Swing- und Jazzelemente für die Szenen in New York und genau wie Max Steiner gelingt es ihm auch, verschiedenste Stile zu verwenden und zu kombinieren. Der Film ist ebenfalls von Leitmotiven geprägt, jedoch komponiert Howard mehrere Motive für King Kong. Außerdem entwickelt er ein Motiv für Ann Darrow, eines für die Beziehung zwischen Affe und Frau sowie drei zusätzliche Motive, die zu bestimmten Situationen passen. Das erste Motiv für Kong ist, wie bei Steiner, langsam und von tiefen Blechbläsern vertont, die Wirkung ist wieder unheimlich, bedrohlich und mächtig. Es wird auch Machtmotiv genannt und erklingt beim ersten Erscheinen des Titels auf der Leinwand, sodass der Film gleich unheimlich auf die Zuschauerinnen und Zuschauer wirkt. Als das Team die Insel Skull Island zum ersten Mal betritt, erklingt es erneut und hier kann man das Motiv als Warnung vor Kong sehen. In der Opferszene wird das Erscheinen von King Kong von dem ersten Motiv untermalt, es unterstreicht hier auch die enorme Größe des Affen. (vgl. Kloppenburg, 2012, S. 210 f.)

Das zweite sogenannte Heldenmotiv steigt von fis-Moll auf, was die Macht und den Sieg des Affen verdeutlicht, und es ist sehr langsam und betont. Es erklingt zum ersten Mal bei einem Kampf mit Riesenechsen, wo Kong die ängstliche Ann rettet. Diese hängt verzweifelt an einem Baum und bei dem Höhepunkt des Motives, einem Crescendo, hüpft Kong von einem anderen Baum hinab und rettet Ann. Die Erleichterung der Zuseherinnen und Zuseher wird von der Musik begleitet und es ertönt noch zweimal während des Kampfes. Schicksalsmotiv nennt Howard das dritte Motiv für Kong, bei dem die Blechbläser eine abwärts geführte A-Dur Tonleiter spielen. Dieses Motiv bestimmt immer das weitere Schicksal für ein Lebewesen der gezeigten Szene. Es erklingt als Kong die Riesenechse tötet, danach setzt das erste Motiv als Zeichen des Sieges ein. Bei einem Kampf zwischen Kong und einem T-Rex verwendet Howard ebenfalls das Machtmotiv und es wirkt wie eine Art von Schutzschild für Ann, denn die Musik zeigt dem Publikum, dass sie nun in Sicherheit ist. Kurz danach erklingt das Heldenmotiv, als Kong auf die Kreatur zustürmt. Als Ann von ihrem Kollegen Jack Driscoll in einer anderen Szene gerettet wird, ertönt das Schicksalsmotiv wieder und repräsentiert den Verlust von Kong. Am Ende des Filmes erklingt das dritte Motiv kurz bevor Kong vom

Empire State Building in seinen Tod stürzt. Howard komponierte ein Motiv für Ann Darrow, welches, im Gegensatz zu dem Angstmotiv von Steiner, ihren unschuldigen und zarten Charakter in Dur widerspiegelt. Das Motiv zeigt, dass sie eine liebenswerte und naive Person ist und es erweckt Sympathie beim Publikum. Als erstes erklingt es während Kong betäubt und nach New York geliefert wird und zum zweiten Mal, als Ann in einem weißen Kleid auf Kong zuläuft. Danach verwendet Howard ein anderes Motiv, welches die innige Beziehung zwischen den beiden musikalisch darstellt.

Außerdem komponierte Howard drei weitere Leitmotive, die zu bestimmten Situationen im Film passen. Die Abenteuermotive sollen die Atmosphäre und Stimmung musikalisch darstellen sowie die Spannung steigern. Das erste Abenteuermotiv besteht aus einer aufwärts gespielten Sexte und einer absteigenden Sekund, vertont von hohen Streichern im Sechsachteltakt. Die Sekund soll hier wie ein Seufzer klingen und deutet Sehnsucht an. Zusammen mit Vogelgezwitscher setzt Howard dieses Motiv gleich zu Beginn des Filmes ein, aber dieses Mal wird es von Blechbläsern gespielt. Im Laufe des Filmes erklingt es immer, wenn eine große Reise oder Gefahr angedeutet wird, wie beispielsweise, als das Filmteam mit ihrem Schiff das erste Mal auf die Insel stößt. Interessant ist, dass dieses Motiv auch während des ersten Kusses von Ann und ihrem Kollegen Jack erklingt. (vgl. Kloppenburg, 2012, S. 211 f.)

Das zweite Abenteuermotiv unterscheidet sich nur leicht vom ersten, denn anstatt der kleinen Sekund wird eine große Sekund verwendet und dadurch entsteht ein wärmerer Klang. Dieses Motiv setzt Howard, zum Beispiel, während der Szene von Anns Entschluss, mit dem gesamten Filmteam die Insel zu erkunden, ein. Genau wie dieses wird auch das dritte Motiv vom Abenteuermotiv I abgeleitet, denn der einzige Unterschied ist, dass es im Viervierteltakt komponiert wurde. Eingesetzt wird es ebenfalls vor der großen Reise nach Skull Island und als die New Yorker die Insel betreten, in dieser Szene verbindet Howard das erste und dritte Motiv zu einem. Durch die hohen Streicher wird eine unheimliche Stimmung erzeugt und danach warnt das erste Kong Motiv die Zuschauerinnen und Zuschauer vor dem Erscheinen des Riesenaffen. Später im Film macht sich ein Rettungsteam auf die Suche nach Ann und beim Eintritt in den Dschungel, ertönt wieder das erste gefolgt vom dritten Abenteuermotiv. Danach verwendet Howard wieder das Kong Motiv I, um die Macht von Kong, dem Herrn des Dschungels, zu verdeutlichen. Gegen Ende des Filmes setzt Howard das Abenteuermotiv I sehr geschickt während der Szene auf dem Empire State Building in New York ein. Zuerst erklingt das Motiv von Blechbläsern und etwas schneller, als Ann zu Kong auf das Dach klettert und der Affe von den Flugzeugen abgeschossen wird. Die Steigerung des Tempos macht deutlich, dass den beiden nicht mehr viel Zeit bleibt und die Spannung nimmt zu. Ann steht dann auf einer Leiter, welche droht nach hinten abzubrechen, währenddessen wird die Filmmusik immer lauter und erreicht ihren melodischen Höhepunkt. Als Ann sich nicht mehr halten kann und in die Tiefe stürzt, ertönt ein lang angehaltener Cluster-Akkord von den Blechbläsern, der das Entsetzen des Publikums repräsentieren soll. Doch Kong fängt sie wieder auf und das Abenteuermotiv I erklingt noch einmal, diesmal wird nur der erste Takt mehrmals wiederholt, als Zeichen der Erleichterung der Zuschauerinnen und Zuschauer. (vgl. Kloppenburg, 2012, S. 213 f.)

5.3 Analyse der Leitmotive aus Fluch der Karibik

2003 produzierte Hans Zimmer, ein deutscher Filmkomponist und Musikproduzent, der in Hollywood tätig ist, gemeinsam mit seinem Team den ersten Teil der *Fluch der Karibik* Filme. Die Musik wurde von Klaus Badelt komponiert, er verbindet darin häufig die Leitmotivtechnik, das Underscoring und die Mood-Technik. (vgl. Kloppenburg, 2012, S. 215)

5.3.1 The Medaillon Calls

Das erste Leitmotiv *The Medaillon Calls* erscheint gleich zu Beginn des Filmes und kündigt das Erscheinen des Protagonisten, Captain Jack Sparrow, an. In der ersten Szene werden die Mood-Technik sowie die Motivtechnik verwendet und dieses Motiv verbindet die Filme am stärksten miteinander. Die Szene beginnt damit, dass Will Turner, ein einfacher Schmied, vor dem Haus des Gouverneurs der Kutsche von Elizabeth Swann nachsieht, dabei ertönt eine heroische Musik von Streichern und Blechblasinstrumenten. Diese ruhige und sanfte Melodie symbolisiert die Verliebtheit von Will und ist typisch für die Mood-Technik. Als die Kutsche verschwunden ist, kündigt eine Trommel einen Stimmungswechsel an und die Taktart wechselt vom Viervierteltakt zum Dreivierteltakt. Die Musik wird lebhafter und das Tempo wird erhöht, besonders in der Basslinie. Danach sieht man Jack Sparrow auf dem Mast eines Bootes, das langsam untergeht, trotzdem bleibt er ruhig und dieses Auftreten lässt ihn sofort sympathisch wirken. Nun erfolgt der Musikpart *The Medaillon Calls*, welcher die Macht und Heldenhaftigkeit von Jack verdeutlicht. Das Orchester, die Streichinstrumente, die Bläser sowie ein Becken spielen im forte, das heißt stärker als zuvor, und eine Trommel gibt den Rhythmus vor. (vgl. Maucher, 2013, S. 8) Außerdem spielen die Bässe einen Ostinato und eine Kantilene, also eine gesangartige Melodie. Das Publikum wird zum Schmunzeln gebracht, als Jack nur knapp über dem Meer auf einem kleinen Mast steht und verzweifelt versucht Wasser aus seinem Schiff zu schöpfen. Musikalisch wird diese Stelle kontrapunktiert. Anschließend bricht der Bass die Ostinato-Figur ab und wechselt zu langen Tönen im d-Moll, als drei Leichen, die zwischen zwei Felsen hängen, gezeigt werden. (vgl. Kloppenburg, 2012, S. 216)

Abbildung 5: Medaillon Motiv

Das Orchester und die Trommel beenden ihre Musik und die Posaune beginnt ein Solo zu spielen, das die düstere Stimmung musikalisch einfängt. Leise singt ein Männerchor zu dem Solo, dies verdeutlicht noch einmal die einsame Atmosphäre. Als Jack Sparrow wieder im Bild zu sehen ist, löst eine Trompete die Posaune ab und spielt das Solo leicht abgeändert. Als nächstes werden die Einwohner der Insel am Hafen gezeigt, wie sie Geschäfte machen und miteinander reden. Die Posaune hört auf zu spielen und eine lebendige sowie fröhliche Melodie wird von den Streichern, Pauken und Trommeln erzeugt. (vgl. Maucher, 2013, S. 10) Danach steigt Jack von den versinkenden Masten auf einen Steg und die Musik wird heiterer, bleibt aber dennoch im d-Moll. Die Kontrapunktierung erreicht ihren Höhepunkt und vermittelt eine heroische sowie majestätische Stimmung. Während der Captain zum Hafen marschiert, verwenden Zimmer und Badelt ein sogenanntes *fade-out*, bei dem Viertelnoten zuerst seine Schritte symbolisieren und dann langsam aufhören, sodass der erste Dialog zwischen Jack und dem Hafenmeister einsetzen kann. (vgl. Kloppenburg, 2012, S. 216)

5.3.2 Black Pearl Motiv

Für den nächsten Einsatz eines Leitmotives komponierte Klaus Badelt das *Black Pearl Motiv*. Es ertönt zum ersten Mal während Jack vor seiner Verhaftung wegen Piraterie flieht und es besteht aus sogenannten Sekundrepetitionen des Tones d mit einer kleinen Sekund. Darum ähnelt es sehr der Titelmusik von John Williams zu dem Film *Der weiße Hai*. Diese Wiederholungen wirken melodisch, aber auch wie auf der Stelle tretend und die Steigerung der Noten in Sekundschritten deuten auf einen Kampf hin. Als sich Sparrow vor den Wächtern versteckt ertönt ein langes und kraftvolles *fade-out*, bei dem die Repetitionen zu lang ausgehaltenen Tönen und die Bilder unterstützt werden. Dabei handelt es sich jedoch nicht um das Leitmotiv von Captain Sparrow und da sein Schiff in dieser Szene nicht zu sehen ist und daher keine Rolle spielt, wirkt die Benennung dieses Motivs willkürlich. Das Motiv verdeutlicht Macht sowie Action zugleich und Badelt verwendet es auch für die Fechtszene zwischen Jack Sparrow und Will Turner in seiner Werkstatt, wieder im Dreivierteltakt. Im Gegensatz zur ersten Verwendung werden nun alle drei Viertelnoten stark betont und nach dem ersten Takt werden zwei Achteln gespielt. Dieser Takt wird mehrere Male wiederholt und oktaviert, also entweder eine Oktav höher oder tiefer gespielt, und dadurch entsteht ein mitreißender und dynamischer Rhythmus. Badelt wendet hier auch das Underscoring an, denn während Dialogen zwischen Jack und Will wird die Musik leiser oder pausiert sogar, danach wird sie wieder lauter. (vgl. Kloppenburg, 2012, S. 218-220)

Abbildung 6: Black Pearl Motiv

5.3.3 Leitmotive von Jack Sparrow

Am Ende des ersten Teils der *Fluch der Karibik* Filme wird Captain Sparrow auf seinem Schiff Black Pearl gezeigt, für diese Szene komponierten Zimmer und Badelt ein neues Motiv namens *He's a Pirate.* Es ist nur im Abspann vollständig zu hören und ähnelt den vorhandenen Motiven sehr. Das Motiv besteht hauptsächlich aus Dreiviertelschlägen, die in allen Zählzeiten stark betont werden, mit zwei Achteln am Schluss. Es ist gekennzeichnet von starken Akzenten, schnellem Rhythmus sowie lauter Dynamik und es passt zu abenteuerlichen Kampfszenen. *He's a Pirate* wird in den weiteren Teilen des Films oft verwendet und ist besonders einprägsam für das Publikum, denn es wird sofort mit den *Fluch der Karibik* Filmen in Verbindung gebracht.

Im zweiten Teil der Filmreihe führt Zimmer ein neues Thema für Jack, das musikalisch eine andere Seite seines Charakters darstellt, ein. Im ersten Teil wurde er durch zwei Motive als Held und Retter präsentiert, aber dieses Motiv passt zu dem verwirrten, planlosen und betrunkenen Piraten. Zimmer verbindet darin punktierte Viertelnoten zusammen mit einer Achtel und einer Viertel im Dreivierteltakt und danach eine Pause, um das Torkeln des Piraten zu symbolisieren. Das ganze Motiv wird in d-Moll aufwärts sequenziert und von einem Cello, das einen Kontrast zwischen dem Image des Instrumentes und der Melodik hervorruft, vertont. Als Jack im zweiten Film gefangen genommen wird und geopfert werden soll, überrascht Hans Zimmer das Publikum wieder mit einem neuen Motiv, einem strengen Rhythmus, der stampfende Menschen musikalisch verdeutlichen soll. Laut Josef Kloppenburg ist dieses Motiv sehr ähnlich zur Filmmusik von Steiner für die Szene in *King Kong*, in welcher der Tanz der Eingeborenen auf Skull Island gezeigt wird. Die Flucht von Jack Sparrow wird von Streichern untermalt und die Musik lässt die Szene leicht und amüsant wirken. (vgl. Kloppenburg, 2012, S. 220-223)

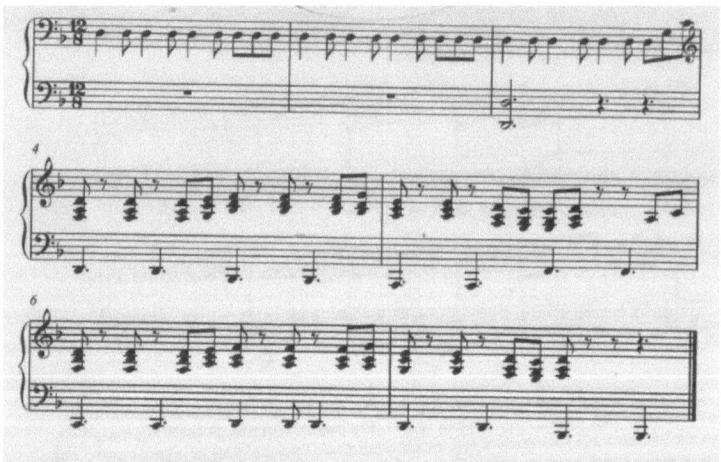

Abbildung 7: He's a Pirate Motiv

5.3.4 Liebesmotiv von Will und Elizabeth

Will Turner und Elizabeth Swann sind das Liebespaar der Filmreihe und ihnen wird ein träumerisches Motiv zugeordnet. Obwohl es immer ertönt, wenn sich die beiden begegnen, ist es kein Leitmotiv. Klaus Badelt verwendet es auch während anderen Szenen, wie zum Beispiel gegen Ende des ersten Films, als Sparrow erneut zum Captain von seinem Schiff Black Pearl gewählt wird. Am Schluss des Filmes gibt es eine Szene, in der sich Elizabeth auf die Seite von Will anstatt neben ihren Verlobten James Norrington stellt. Will ist zusammen mit Jack von den Soldaten des Königs umzingelt. Das Motiv wird nun von Streichinstrumenten eingeleitet und dann löst eine Posaune die Streicher ab, manchmal wird es auch von anderen Bläsern weitergeführt. Die Violine ist hierbei von großer Bedeutung, denn sie repräsentiert die Liebe zwischen ihnen und erzeugt eine romantische Stimmung.

Weitere Szenen, währenddessen das Motiv in dieser Form gespielt wird sind, nach der Rettung von Elizabeth oder am Anfang des ersten Films, als sich Will und Elizabeth unterhalten, bevor sie mit der Kutsche wegfährt. In den Klaviernotationen wird das Thema sehr langsam gespielt, damit eine ruhige und gefühlsbetonte Melodie entsteht. Nachdem Jack mit seinem Schiff geflüchtet ist, stehen Will und Elizabeth auf dem Geländer des Palastes. Norrington verschont Will, der ein Verbrechen beging, indem er einem Piraten geholfen hat, zu fliehen. Er geht zusammen mit Elizabeths Vater weg von der Brüstung, kurz darauf sind Will und Elizabeth zum ersten Mal allein. Als sie sich küssen, erklingt das Motiv von dem ganzen Orchester gespielt, und mit gesteigertem Tempo sowie Dynamik. Die Notenwerte werden verdoppelt und ohne Pausen gespielt, dadurch wirkt das Motiv fließender und noch romantischer. (vgl. Maucher, 2013, S. 21 f.)

Abbildung 8: Das romantische Motiv

25

5.3.5 Die finale Szene

In der letzten Szene des ersten Teils von *Fluch der Karibik* werden die
bekanntesten Leitmotive miteinander verbunden und darum ist diese Szene der
musikalische Höhepunkt des Filmes. Es handelt sich um den Kampf zwischen Jack
mit seinen britischen Soldaten und seinem Erzfeind Barbossa, ein untoter Pirat,
mit den Skelettpiraten. Der Kampf findet in einer Schatzhöhle statt und
musikalisch wechselt Badelt sehr oft zwischen einzelnen Motiven. Wenn die
Skelettpiraten gezeigt werden, erklingt das schaurige Motiv, das die Zuseherinnen
und Zuseher bereits von der Szene kennen, als Elizabeth von den Skeletten
gefangen genommen wurde. Immer, wenn Jack Sparrow auf der Bildfläche
erscheint, ertönen die Motive der Abenteuermusik sowie das Hauptthema
He's a Pirate, diesmal ein bisschen abgeändert. Als Elizabeth in die Höhle kommt
um an Wills Seite zu kämpfen, wird das romantische Motiv noch einmal gespielt.

Die Komponisten Zimmer und Badelt perfektionierten den gleichzeitigen
musikalischen Wechsel von Motiven, Stimmungen und Bildern in dieser
Abschlussszene. Es werden alle Motive, die in diesem Film verwendet wurden,
passend zu den einzelnen Charakteren sowie Stimmungen noch einmal
aufgegriffen. Das Aufeinanderprallen der verschiedenen Themen wird mit dem
Schuss von Jacks Pistole auf Barbossa beendet. Kurz danach wird ein neues, sehr
trauriges Motiv eingeführt, als Barbossa seine letzten Worte murmelt bevor er
stirbt. Das unglückliche Motiv verändert sich zu einem triumphierenden, als
Barbossa zu Boden geht und der Fluch der Piraten nun endlich gebrochen ist. Die
britischen Soldaten jubeln und der Kampf ist vorbei. Während Will und Elizabeth
über ihren Sieg reden, wird ein letztes Mal das romantische Motiv gespielt.

Die finale Filmszene verdeutlicht, wie wichtig Filmmusik ist, denn mit ihr werden
Emotionen und Handlungen ohne Dialoge dargestellt, Spannung erzeugt und die
meisten Kampfszenen würden ohne Musik langweilig wirken. (vgl. Maucher, 2013,
S. 23-25)

6 Fazit

Zusammenfassend ist zu sagen, dass Filmmusik eine sehr wichtige Rolle für die heutigen Filme spielt. Sie erfüllt zahlreiche Funktionen und ist zu einem wichtigen Hilfsmittel geworden. Beispielsweise können Komponisten mithilfe der richtigen Musik die Spannung einer Filmszene steigern oder bestimmte Ereignisse musikalisch untermalen. In meiner Arbeit habe ich herausgefunden, dass die Wurzeln von Filmmusik bis ins neunzehnte Jahrhundert reichen, und dass zuerst nur Musik gespielt wurde, um die lauten Geräusche der Projektoren zu übertönen. Als man feststellte, dass diese Hintergrundmusik die Filme auch verbessert, wurde ihre Entwicklung beschleunigt. Anschließend habe ich die Wirkung auf Zuschauerinnen und Zuschauer anhand einer Studie, die an der Pädagogischen Hochschule Karlsruhe durchgeführt wurde, untersucht. Aus dieser Analyse konnte ich erkennen, dass die Hintergrundmusik einen großen Einfluss auf das Publikum hinsichtlich der Wahrnehmung einer Filmszene hat. Für die Studie wurde Studentinnen und Studenten die gleiche Filmszene mit verschiedenen Soundtracks vorgespielt und abhängig von der Art der Musik wurde die Szene unterschiedlich interpretiert.

Im zweiten Teil der Arbeit habe ich mich genauer mit der Leitmotivtechnik und deren Entstehung sowie Verwendung befasst. Mit ihr werden Personen oder Geschehnisse musikalisch untermalt und somit der Wiedererkennungswert eines Filmes gesteigert. Im letzten Teil meiner Arbeit habe ich die bekanntesten Motive aus den Filmen *King Kong und die weiße Frau* sowie *Fluch der Karibik* untersucht. Analysiert wurde die Wirkung auf das Publikum und auch der Aufbau der jeweiligen Leitmotive wurde erläutert. Diese Motive ähneln sich oft im Aufbau oder in der Instrumentierung, beispielsweise wird eine romantische Stimmung meist durch Violinen erzeugt.

Interessieren würde mich außerdem die Entstehung von Filmmusik in Tonstudios, jedoch bin ich darauf nicht eingegangen. Eine umfassende Behandlung dieses Themas würde den Rahmen der vorliegenden Arbeit sprengen.

7 Literaturverzeichnis

Bullerjahn, Claudia: Grundlagen der Wirkung von Filmmusik, 3. Auflage, Augsburg: Wißner-Verlag, 2001

Bückle, Matthias und Gervink, Manuel: Lexikon der Filmmusik, Laaber: Laaber-Verlag, 2012

Hossein, Leila: Betrachtungen über Entstehung und Wirkung von Filmmusik, Saarbrücken: AV Akademikerverlag, 2014

Kloppenburg, Josef: Das Handbuch der Filmmusik. Geschichte- Ästhetik-Funktionalität, 2. Auflage, Laaber: Laaber-Verlag, 2012

Kungel, Reinhard: Filmmusik für Filmemacher. Die richtige Musik zum besseren Film, 2., Heidelberg: dpunkt.verlag GmbH, mediabook Verlag Reil, 2008

Kümpel, Philipp: Filmmusik in der Praxis. Komponieren- Produzieren- Verkaufen, 2., Bergkirchen: PPVMEDIEN GmbH, 2010

Maucher, Anna: Filmmusik. Notwendiges Gestaltungsmittel. Am Beispiel des Films Fluch der Karibik, München: GRIN Verlag, 2013

8 Abbildungsverzeichnis